NOTICE HISTORIQUE

SUR

LE GÉNÉRAL CLER

NOTICE HISTORIQUE

SUR

LE GÉNÉRAL CLER

PAR

J. GUENARD

Lieutenant au 2ᵉ régiment de Zouaves, Chevalier de la Légion d'honneur

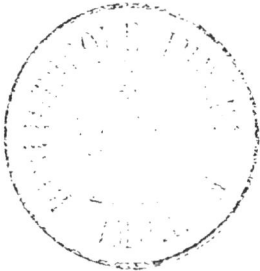

—————————

PARIS

CH. TANERA, ÉDITEUR

LIBRAIRIE POUR L'ART MILITAIRE, LES SCIENCES ET LES ARTS

Rue de Savoie, 6

—

1867

A

Monsieur le Colonel Lefebvre

Commandant le 2ᵉ Zouaves

Témoignage de respectueuse affection

J. G.

NOTICE HISTORIQUE

SUR

LE GÉNÉRAL CLER

CLER (Jean-Joseph-Gustave) n'avait guère plus de vingt ans lorsqu'il fut nommé, au sortir de l'École militaire, sous-lieutenant au 21ᵉ régiment d'infanterie légère (20 avril 1835). Il était né à Salins (Jura), le 10 décembre 1814.

Les débuts du jeune officier ressemblèrent à ceux de quiconque envisage l'avenir avec la volonté constante et forte de s'y faire jour, tout en demeurant l'esclave du devoir. « L'ambition est à l'homme, a dit Napoléon, ce que l'air « est à la nature. Otez l'un au moral et l'autre au physique ; « il n'y a plus de mouvement. » Le sous-lieutenant Cler sentit qu'il n'avait rapporté de son séjour à Saint-Cyr que des notions superficielles sur les diverses branches de l'art si vaste de la guerre. Il résolut de compléter son instruction ébauchée. Dessinateur habile, il exécuta des levers topographiques qui lui attirèrent de précieuses félicitations. Enfant curieux, il avait maintes fois, en considérant les remparts de sa ville natale, désiré connaître les secrets de leur construction. Devenu homme, il approfondit avec ardeur la science des fortifications, suivant en cela le conseil du grand Frédéric. On lit en effet dans les *Mémoires de 1763 à 1778* : « Un officier a besoin de diverses connaissances ; mais une « des principales est celle de la fortification. » Aussi trouve-t-on cité au *Journal militaire officiel* le lieutenant Cler du

21e léger, « lequel a donné des soins tout particuliers aux
« élèves de l'école du 2e degré et rédigé un cours de forti-
« fication de campagne qui a fixé l'attention de Monsieur le
« Ministre de la guerre. » Ce travail dénote des recherches
consciencieuses et contient plusieurs idées neuves. Cler l'a-
vait terminé et adressé à qui de droit l'année même de son
avancement au grade de lieutenant, c'est-à-dire en 1838.
Sa promotion date du 27 avril, et sur la liste dont elle
fait partie sont inscrits côte à côte les deux noms CLER et
ESPINASSE, que la fatalité devait réunir vingt et un ans
plus tard sur la liste funèbre des morts de Magenta.

Capitaine le 18 avril 1841, Cler passa le 19 novembre de
la même année au 2e bataillon d'infanterie légère d'Afrique.

« La guerre, disait Lasalle, est au soldat qui n'est pas
« sorti de sa garnison, ce qu'est le monde au jeune homme
« qui quitte les bancs des écoles, ce qu'est l'application au
« précepte. » Cler allait enfin joindre la pratique de la
guerre à la théorie. Il allait apprendre sous Bugeaud, alors
gouverneur de l'Algérie, une tactique spéciale, dont les
principes se modifient suivant que l'ennemi est habitant de
la plaine et cavalier, comme l'Arabe, ou montagnard et fan-
tassin, comme le Kabyle, mais qui est caractérisée dans les
deux cas par la mobilité des colonnes, la rapidité des
marches et l'énergie des coups portés. Si pour former un
général accompli il est besoin de campagnes en Europe avec
leurs grosses armées et leurs savantes combinaisons, l'officier subalterne ne saurait trouver de meilleure école que la
guerre d'Afrique, guerre de ruses et de petites opérations,
où il s'accoutume de bonne heure à la responsabilité du
commandement et s'instruit dans l'art de subsister, sans
lequel « l'art de vaincre est perdu, » suivant le mot d'un
grand capitaine.

On sait comment se recrutent les bataillons d'infanterie
légère d'Afrique. En 1832, époque de leur formation au

camp de Koubba, à huit kilomètres d'Alger, la conduite excentrique et les mœurs plus que légères des soldats qui vinrent les composer valurent au premier le sobriquet de *Flore* et au second celui de *Zéphyre*, plaisante réminiscence d'un célèbre ballet, création du danseur Gardel, où figurent ces deux personnages mythologiques. Un an plus tard l'infanterie légère d'Afrique comptait un 3ᵉ bataillon, et le surnom du 2ᵉ devenait, par extension, commun à tout le corps. Les zéphirs se sont rendus populaires par la défense de Mazagran et par d'autres brillants faits d'armes, dont le plus récent est la retraite sur Tiaret de la petite troupe employée au forage du puits artésien d'Aïn-Guettouta. Qu'on me permette ici de détacher une page d'un livre spirituellement écrit et fortement pensé, les *Caprices d'un Régulier*. Les zéphirs se reconnaîtraient dans cette peinture touchée de main de maître. « S'ils n'offrent point « ces solides vertus, ces qualités précieuses d'honnêteté et « de discipline qui sont si loin de nuire à la valeur, ils ont « parfois cependant un genre de mérite qu'il ne faut point « méconnaître. Nombre d'entre eux ont acquis à l'endroit « de maintes choses une philosophie railleuse qu'ils appli- « quent assez heureusement au danger. Le nom burlesque « sous lequel leurs compagnons les ont désignés est destiné « à rendre leurs allures légères sur tous les chemins de cette « vie. Leurs fusils et leurs cartouches constituent au propre « comme au figuré le seul bagage dont ils n'aient pas sans « cesse la fantaisie de se débarrasser. Quant à leurs che- « mises, à leurs pantalons d'ordonnance et aux principes « élémentaires de conduite dont la plus simple éducation « nous munit, ils s'en délivrent journellement au gré de « caprices renaissants qu'aucune punition ne peut refréner. « S'ils représentent, comme on l'a dit quelquefois, l'élément « parisien, ils ne le représentent pas de la même manière que « les zouaves, gens, eux aussi, d'audace et de gaieté, mais

« qui savent soumettre à la toute-puissante direction du
« devoir les forces expansives de la nature. Les zéphirs sont
« des hommes qui ont failli, et qui malheureusement ne se
« repentent guère de leurs fautes. On se tromperait fort si on
« les prenait pour des Madeleines en quête de leur rédemp-
« tion, offrant leur sang en guise de larmes. Seulement,
« lorsqu'ils sont en belle humeur, le péril les divertit quel-
« quefois, et ils l'abordent alors d'une leste façon qui
« excite une profonde indulgence dans nos cœurs épris de la
« bravoure sous toutes les formes. » Il faut pour conduire
de pareils hommes des chefs d'une trempe vigoureuse. A ce
titre, Cler devait être un excellent officier de zéphirs. Sous
une apparence de constitution délicate et des dehors pleins
d'urbanité, de bonhomie même, la nature avait caché un
tempérament énergique, un caractère rigide et tenace.

A la fin de l'année 1841, Abd-el-Kader, réduit à la défensive, rétrogradait vers la province d'Oran, foyer de sa
puissance. Le faisceau des tribus insoumises une fois rompu,
il fallait les amener une à une à demander l'*aman*. La tâche
était rude. A chaque instant l'Émir, exploitant habilement
les instincts de liberté et d'indépendance particuliers aux
hommes des montagnes, rallumait l'insurrection par une
pointe rapide dans l'Ouarensenis, entre le Chélif et la Mina,
habité par des Kabyles sauvages et belliqueux. Les colonnes
d'Oran et d'Alger, concertant leurs opérations, guerroyèrent
pendant deux ans à travers ce massif, le plus élevé, le plus
contourné et le plus abrupt de l'Atlas. Le 2ᵉ bataillon
d'Afrique concourut glorieusement à cette œuvre de pacification. Le capitaine Cler y reçut le baptême du feu. Il
fut cité à l'ordre du jour de l'armée d'Algérie pour s'être
particulièrement distingué dans le combat qui eut lieu le
10 décembre 1842 devant Bénès, au pays des Beni-Ouragh.

Le 26 juillet 1843, Cler était adjudant-major. Cette fonction, dans les corps en campagne, est de préférence confiée

à des capitaines jeunes, alertes, bons manœuvriers, solides
à cheval, capables d'organiser avec diligence sur un terrain
reconnu l'assiette d'un camp et le service de ses avant-postes.
Cler se montra dans ce nouvel emploi aussi brillant qu'il
l'avait été à la tête de sa compagnie. Ardent, infatigable, il
ne laissa échapper aucune occasion de marcher à l'ennemi.
On le vit maintes fois, se jouant des balles et des difficultés
du sol, parcourir les lignes de tirailleurs et les diriger selon
les desseins du chef.

Au double point de vue de son patriotisme et de son instruction personnelle, Cler regretta vivement de n'avoir point pris
part à la victoire qui consacra notre conquête. Le 2ᵉ bataillon d'Afrique ne combattit pas à Isly. L'ordre de bataille
avec lequel Bugeaud mit en déroute l'armée de l'Empereur
Mouley-Abd-er-Rhaman est devenu classique pour résister
en pays découvert aux charges désordonnées d'une multitude
irrégulière. Il rappelle les dispositions de Xénophon contre
les hordes asiatiques pendant la retraite des Dix-Mille, et
celles que Crassus opposa devant Carrhes à la cavalerie des
Parthes, comme aussi la tactique de Bonaparte et de ses lieu-
tenants en Égypte et en Syrie. Mais c'est à Bugeaud qu'appartient l'idée de substituer aux grands carrés, difficiles à
manier, un système très-mobile de petits carrés échelonnés.

La terre d'Algérie est féconde en prophètes. En avril 1845,
le Dahra se soulevait à la voix d'un nouveau chérif. De même
que ses prédécesseurs et ses successeurs, Bou-Maza se pré-
tendait envoyé du ciel pour exterminer les Français. Dans
les *gourbis* de la montagne, comme sous les tentes de la
plaine, il n'était question que de ses miracles et de ses pro-
messes. Au dire des croyants, Mahomet l'avait marqué d'une
étoile au front et la poudre restait muette contre lui. Une
chèvre, qui le suivait partout, émerveillait les indigènes
témoins de quelques tours d'adresse auxquels son maître
l'avait dressée.

Mostaganem, Orléansville et Ténès étant par leur position géographique chargées de la surveillance du Dahra, les co- lonnes destinées à faire rentrer dans l'obéissance les montagnards toujours remuants de cette contrée partirent de ces trois points. Le 23 avril, les Kabyles attaquaient un convoi expédié de Ténès sur Orléansville sous l'escorte du 2ᵉ bataillon d'Afrique. La belle conduite du jeune adjudant-major en cette circonstance lui valut une mention toute spéciale dans le rapport de son chef de bataillon au colonel de Saint-Arnaud, qui commandait alors les troupes d'Orléansville. « Le « capitaine Cler s'est multiplié pour diriger les tirailleurs « dans les retours offensifs et offrir aux blessés le secours « de son cheval. » Les courses des colonnes de Mostaganem, d'Orléansville et de Ténès dans le Dahra durèrent jusqu'en mai 1846, époque de la pacification. Cler, présent à bon nombre d'affaires sérieuses, fut cité par M. le gouverneur général pour le courage et l'intelligence dont il fit preuve au combat du 21 mai 1845 sur l'Oued-Sibi-ben-Afred. Au mois de février de l'année suivante, il se faisait encore remarquer à l'occasion d'un coup de main exécuté contre la tribu des Oulad-Bessem.

Au retour de ces diverses expéditions, Cler remplit temporairement les fonctions de capitaine-major. Cet intérim mit en relief ses aptitudes administratives, et, le 27 avril 1846, il fut nommé major du 6ᵉ léger.

Avec l'épaulette d'officier supérieur, Cler reçut l'ordre de quitter l'Afrique. Il dut renoncer à cette vie pleine d'émotions qu'il menait depuis plus de quatre années, à ces alternatives de bonne fortune et de misère qui ne touchent l'homme ordinaire que par leur côté matériel, mais qui trempent fortement les esprits réfléchis en les accoutumant à ne s'étonner de rien et à planer au-dessus des événements, comme l'aigle plane dans les airs, véritable caractère de la philosophie pratique. La garnison paraît fade à côté

de l'existence tumultueuse des camps. Elle est pourtant
indispensable, surtout celle des grandes villes, au perfectionnement de l'éducation sociale de l'officier. Elle y con-
tribue par les jeux du théâtre dont il est spectateur assidu,
par les musées qu'il parcourt pendant ses loisirs, par les
bibliothèques dont les richesses sont à sa disposition, par
les monuments qui reportent son imagination vers les temps
passés, par les établissements et les curiosités de toutes sortes qu'il peut visiter, par le contact généralement instructif
des hommes exerçant d'autres professions que la sienne, par
la fréquentation d'un monde policé qui le dépouille de la
rudesse contractée dans les camps, enfin même par les aventures amoureuses dont quelques-unes seront peut-être pour
lui plus tard au bivouac une source de poétiques rêveries.
Le repos de la garnison permet à l'officier, d'une part, de
mettre en ordre les notes qu'il a prises pendant la guerre,
d'en corriger la rédaction, de les livrer, au besoin, à la pu-
blicité ; d'autre part, de puiser dans les traités spéciaux,
dont le transport est difficile en campagne, d'utiles renseignements qui trouveront leur application dans les expéditions
à venir. La profession des armes, il est vrai, place, même
en temps de paix, ceux qui l'ont embrassée dans des condi-
tions telles qu'ils sont entraînés à la dissipation et à la pa-
resse, plutôt qu'ils ne contractent des habitudes studieuses.
Néanmoins notre armée compte dans ses rangs beaucoup de
militaires qui, tout en se pliant aux exigences physiques de
leur métier, ne négligent pas les travaux de l'esprit, et qui,
sans prétendre au titre de savant, ne laissent pas improduc-
tives les facultés dont le Créateur les a doués. Aussi avons-
nous droit, en France, de trouver sévère la réflexion suivante de M. le lieutenant-colonel Macdougall, directeur des
études au collége royal de Sandhurst, tirée de ses *Considé-*
rations nouvelles sur l'art de la guerre chez les Anglais (traduction de M. le capitaine Mackintosh du 63e de ligne fran-

çais). « L'amour de la lecture et la soif de la science sont
« généralement l'apanage du jeune homme qui a une ché-
« tive constitution et le corps débile ; mais un tempérament
« plein de vigueur et de santé lui fait repousser ces études
« qui le tiennent renfermé dans des écoles, loin du soleil et
« de cette activité que son naturel le porte à aimer. Ainsi les
« dispositions les plus favorables à la culture intellectuelle
« sont contraires à une vie d'activité et de fatigue, tandis
« que les qualités corporelles qui sont inappréciables dans
« le soldat s'opposent à des études abstraites. Il y a sans
« doute de nombreuses exceptions ; mais telle est la règle
« générale, et il est inutile d'espérer la changer. »

Quoi qu'il en soit, Cler fut une de ces exceptions. Rentré
en France, il reprit avec empressement ses anciennes études
interrompues par quatre années de marches et de bivouacs
à peu près continuels. Il s'appliqua dès lors à maintenir son
instruction au niveau des connaissances du jour. Ses campagnes d'Afrique lui avaient démontré la justesse de cette
maxime : « A la guerre, le mépris de l'administration n'est
« autre chose que celui des hommes. » Aussi s'efforça-t-il
d'augmenter son savoir en pareille matière. Sa nouvelle
position lui faisait d'ailleurs un devoir d'approfondir tout
spécialement l'administration militaire et la comptabilité qui
en régularise et en constate les opérations. Une rare sagacité
et une lucidité de jugement peu commune, jointes à une
science réelle, ne tardèrent pas à faire regarder le commandant Cler comme un des meilleurs majors de l'armée.

Ici se présente une de ces particularités qu'on rencontre
fréquemment dans la carrière des hommes marquants, et qui
sont l'indice irrécusable d'une intervention providentielle
dans l'arrangement de nos destinées. Le 10 décembre 1849,
jour où il reçut la croix de chevalier de la Légion d'honneur, récompense incontestablement due à ses services et à
son mérite, était à la fois l'anniversaire de sa naissance et

celui du combat de Bénès, auquel se rapporte sa première citation.

Lieutenant-colonel du 21ᵉ de ligne le 9 janvier 1852, Cler passa le 17 février au 2ᵉ régiment de zouaves. Le 22 mars, conduit par sa bonne étoile, il revoyait, après six années d'éloignement, l'Algérie, qui avait été le théâtre de ses premières armes et le commencement de sa fortune.

Le 13 février 1852, le Prince-Président de la République décrétait la formation de trois régiments de zouaves avec les éléments du seul de ce corps qui existât alors et dont la création remontait aux débuts de notre conquête. Le 2ᵉ zouaves fut organisé à Oran, sous les yeux du général Pélissier, et conformément aux instructions du ministre de la guerre, maréchal de Saint-Arnaud, avec un noyau de 1,400 hommes, composant le 2ᵉ bataillon de l'ancien corps. Ces vieux zouaves vinrent de Blidah sous la conduite du commandant Morand. L'effectif du nouveau régiment fut complété au moyen de 2,400 hommes choisis dans les divers corps d'infanterie de l'armée, tant en France qu'en Algérie. Le ministre désigna lui-même les officiers. Trois mois suffirent pour habiller, équiper et instruire le 2ᵉ zouaves. Le 10 mai, le lieutenant-colonel Cler recevait des mains du chef de l'État, au Champ de Mars, ce drapeau, aujourd'hui décoré, qui depuis quatorze années se dresse haut et fier en face de l'ennemi.

Il serait superflu de faire ici le portrait du zouave. Il est populaire à l'étranger comme en France. Ceux qui ne l'ont pas vu sur les champs de bataille ont appris à le connaître par les œuvres en tous genres, sérieuses ou légères, de la littérature et de l'art contemporains, depuis l'opuscule de M. le duc d'Aumale (inséré dans la *Revue des Deux-Mondes* du 15 mars 1855) et les *Souvenirs d'un officier du 2ᵉ de zouaves* jusqu'aux anecdotes sentimentales des almanachs militaires, depuis les saisissantes compositions d'Horace Vernet jusqu'à la spirituelle caricature de Cham,

depuis la sculpture du pont de l'Alma jusqu'aux pochades
de la galerie d'Orléans, depuis les bulletins de nos victoires
jusqu'à la chanson des rues. Le zouave représentera dans
l'histoire le type de l'homme de guerre au milieu du xixᵉ siècle. Qu'il serait bien placé sur les lèvres noires de poudre
de ce soldat aux allures indépendantes le refrain des volontaires de Wallenstein ! « Allons ! Camarades !... Courons
« aux champs, à la liberté ! En campagne, l'homme vaut
« encore quelque chose ; là, son cœur a du poids ; là, per-
« sonne ne peut le remplacer ; il faut qu'il compte sur lui-
« même !... Celui-là seul qui sait regarder en face, le soldat
« seul est un homme libre. Il rejette loin de lui les anxiétés
« de la vie ; il n'a plus ni crainte, ni soucis. Il marche har-
« diment au-devant de la destinée ; s'il ne l'atteint pas
« aujourd'hui, il l'atteindra demain, et, puisqu'il l'atteindra
« demain, jouissons aujourd'hui des derniers restes d'un
« temps précieux... Allons ! Camarades !... Que vos pou-
« mons se dilatent à l'air des combats ! La jeunesse fer-
« mente, la vie pétille. Allons ! Avant que l'esprit ne s'éva-
« pore ! Et si vous n'exposez pas votre vie, jamais vous ne
« jouirez de la vie ! » (*Schiller, Wallenstein, 1ʳᵉ partie,
scène XI, traduction de M. Xavier Marmier.*)

Je viens de citer les *Souvenirs d'un officier du 2ᵉ de
zouaves.* Le livre parut en 1858, sans nom d'auteur. Écrit
sans prétention, dans un style à la fois coulant et imagé, il
attache le lecteur par la clarté de sa narration, par des des-
criptions aussi substantielles que pittoresques, par des pen-
sées pleines de sens, en même temps qu'il l'amuse par les
scènes burlesques et les traits d'esprit gaulois dont le récit
général est émaillé. « Les *Souvenirs d'un officier du 2ᵉ de
« zouaves*, dit l'avant-propos, ont été rédigés d'après des
« notes écrites jour par jour, notes prises avec la plus
« grande exactitude par un des officiers les plus marquants
« du corps. » Cet officier était le colonel Cler. Ne pouvant

tout voir par lui-même, il dut recourir à la collaboration de plusieurs officiers de son régiment, dont il consigna les observations personnelles à défaut de plus exacts renseignements. De là quelques erreurs et omissions, surtout dans la partie de l'ouvrage qui traite des événements postérieurs à la promotion du colonel au grade de général. « Plust à Dieu, « s'écrie Blaise de Montluc dans ses *Commentaires*, que « nous qui portons les armes prinsions cette coutume d'es- « crire ce que nous voyons et pensons, car il me semble que « cela serait mieux accomodé de nostre main, j'entends du « fait de la guerre, que non pas des gens de lettres, car ils « déguisent trop les choses et cela sent trop son clerc. »

Les *Souvenirs d'un officier du 2ᵉ de zouaves* embrassent une période de six années pendant laquelle le régiment prit part à l'expédition de Laghouat (1852), à celle des Babors (1853), à la guerre d'Orient (1854-1856) et à deux campagnes successives dans la grande Kabylie (1856 et 1857). Espérons que l'œuvre du général Cler sera continuée, et qu'une plume militaire exercée suivra le 2ᵉ zouaves en Italie (1859), au Maroc (1859), dans la Kabylie orientale (1860), au Mexique (1862-1865), dans le sud de l'Algérie (1864-1866), où les événements de la dernière guerre ont conduit un de ses bataillons jusqu'à la région des *Areg*, c'est-à-dire à l'entrée de ces hautes et terribles dunes du grand désert qui ont englouti plus d'une caravane sous leurs sables brûlants, et enfin dans toutes les contrées où sa destinée doit encore, et bientôt peut-être, l'appeler à combattre. La tâche sera rude pour un historiographe consciencieux. Plus d'une fois il adressera au 2ᵉ zouaves la plainte de Boileau au grand Roi.

« ..... Cesse de vaincre, ou je cesse d'écrire ! »

Le colonel Vinoy (1) était absent lorsque, l'année même

(1) Actuellement général de division, appartenant au cadre de réserve.

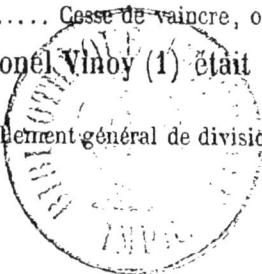

2

de sa formation, le régiment quitta ses garnisons pour marcher contre Mohammed-ben-Abdallah, chérif d'Ouargla, dont les intrigues et les prédications fanatiques avaient soulevé les tribus sahariennes des provinces d'Alger et d'Oran. Le lieutenant-colonel prit le commandement des deux bataillons destinés à opérer sous les ordres directs du général en chef.

A la prise de Laghouat, Cler hissa lui-même l'aigle du 2ᵉ zouaves sur le dôme du minaret de la kasbah de Ben-Salem, dont les portes venaient d'être enfoncées par les zouaves du capitaine Fernier, en tête desquels marchait le lieutenant-colonel Deligny (1), directeur des affaires arabes de la province d'Oran. Le commandant Morand, qui dans ce siége poussa la bravoure jusqu'à la témérité chevaleresque, tomba mortellement blessé en conduisant sa colonne à l'assaut de la citadelle. On l'enterra sur la brèche. Quatre fils du général Morand ont été officiers au 2ᵉ zouaves. Héritiers d'un nom aussi pur que glorieux, ils l'ont porté avec honneur et distinction en toutes circonstances.

Cler, nommé commandant supérieur de la place par le général en chef, fut chargé de prendre les mesures d'ordre et de police nécessitées par la situation, entre autres celle d'enfouir ou de brûler les cadavres, dont la putréfaction, très-rapide sous un ciel de feu, pouvait engendrer des maladies pestilentielles.

Durant le cours de la campagne, Cler fit voir en plusieurs occasions quelle haute estime il avait pour ses zouaves et de quelle sollicitude il les entourait, en véritable père. Une fois, à la nuit tombante, un zouave trouva moyen de couper, sans être aperçu, les entraves d'une superbe jument appartenant au général Pélissier. C'était l'heure où le général et son état-major s'attablaient en face d'un dîner qui, pour être frugal,

(1) Actuellement général de division, commandant la province d'Oran.

n'en était pas moins plus recherché que l'ordinaire du troupier. Dès qu'elle se sentit libre, la cavale s'en alla, bondis-
sante et échevelée, jeter le trouble parmi les chevaux du
bivouac. Le désordre et le bruit qui en résultèrent furent
tels que le général interrompit brusquement le repas com-
mencé et sortit de la tente suivi de tout son monde. Pendant
qu'il présidait lui-même au rétablissement de la tranquillité
et qu'on rattachait sous ses yeux la belle fugitive, notre
zouave en tapinois opérait sur la table de l'état-major une
razzia des plus complètes. Un succulent poulet faisait partie
du butin. Qu'on juge de l'ébahissement du général et de ses
officiers à leur retour. Les zouaves en faction devant la tente,
accusés de complicité avec le larron, jurèrent leurs grands
dieux qu'ils étaient innocents et que leur vigilance avait été
mise en défaut. Pélissier avait trop d'esprit pour ne point rire
d'un tour si adroitement joué. Malheureusement les soldats
sont des enfants, et l'enfance est sans pitié ! Le lendemain
matin, à son réveil, le général en chef découvrit à l'entrée
de sa tente à coucher les deux pattes du poulet fichées en
terre comme deux sentinelles. Les bornes de la plaisanterie
étaient dépassées. Le général s'en plaignit amèrement au
colonel Cler. Peu de temps après cette aventure, une con-
testation s'étant élevée au sujet d'armes prises à l'ennemi,
Pélissier s'emporta, en présence des députations et des détachements convoqués pour rendre les honneurs funèbres
aux officiers tués pendant le siége, jusqu'à lancer contre le
corps des zouaves certaine rude épithète qui, méritée par
des misérables dont la loi sait faire justice, était dans le
cas actuel une sanglante injure. Cler, piqué au vif, dé-
fendit avec la plus grande énergie de geste et de langage
l'honneur et la probité de ses zouaves ; il alla jusqu'à
jeter son épée aux pieds du général en lui présentant sa
démission. Pélissier, qui aimait beaucoup le colonel Cler,
n'eut pas de peine à le calmer et à lui faire oublier la

malencontreuse épithète par quelques paroles spirituellement affectueuses.

Les troupes du général Pélissier, dans leur marche rétro-
grade sur Oran, atteignirent Aïn-Madhy le 17 décembre. Le
vieux chérif Tedjini, de respectable mémoire, résidait dans
cette petite ville. Il offrit à la colonne une *diffa* pantagrué-
lique, dont le menu se trouve dans les *Souvenirs d'un officier
du 2ᵉ de zouaves*, accompagné de plaisants commentaires.
La campagne de 1852 valut au lieutenant-colonel Cler la
croix d'officier de la Légion d'honneur, qui lui fut décernée
le 22 décembre.

A l'expédition de 1853, le 2ᵉ zouaves fut représenté par
deux de ses bataillons et rangé dans la première brigade de
la division Bosquet. Cette brigade eut pour chef le colonel
Vinoy, de sorte que le régiment se trouva, comme l'année
précédente, commandé par le lieutenant-colonel.

Le général Randon, gouverneur de la colonie à cette
époque, soumit dans l'espace d'un mois tout ce quadrilatère
montagneux de la province de Constantine qu'on appelle la
Kabylie des Babors et dont les sommets sont marqués par les
points de Bougie, Sétif, Milah et Djidjelli, *Saldæ*, *Sitifis*,
Mileum et *Igilgili* des Romains.

Le 2ᵉ zouaves eut moins à combattre qu'à essuyer des fatigues et des privations. Il se servit plus souvent de la pioche
et de la pelle que de ses armes. Il prit part à quatre affaires :
la première, peu importante, contre la tribu des Djermounah ; la deuxième contre une fraction des Rhamin ; les
deux dernières contre les Beni-Tizi. Les colonels Vinoy et
Cler n'assistèrent pas à l'attaque des Djermounah ; mais ils
conduisirent les autres avec une vigueur et une audace qui
glacèrent les Kabyles d'épouvante.

Le 5 juin eut lieu au bivouac de Sidi-Etnin, en présence
de la petite armée victorieuse, la remise des burnous d'in-
vestiture aux chefs des tribus qu'on venait de soumettre.

La cérémonie fut suivie de la célébration de l'office divin par le R. P. Régis, supérieur de la Trappe de Staouéli. Cette *Messe en Kabylie* fait le sujet d'un magnifique tableau d'histoire dont l'auteur n'a pas besoin d'être nommé. Les beautés d'une sauvage nature encadraient cette scène majestueuse, où la rustique simplicité de l'Église primitive était jointe à l'appareil imposant de la pompe militaire. Cler avouait n'avoir jamais ressenti de sa vie une impression plus grandiose.

Pendant les marches et contre-marches qui terminèrent la campagne des Babors, Cler avec une partie de ses zouaves et les sapeurs du génie précédait, l'outil en main, la colonne principale, avec mission de frayer un passage au convoi à travers ce pays tourmenté et d'accès difficile même aux piétons. Le 2ᵉ zouaves, avant de s'embarquer pour sa province, amorça sur une longueur de 14 kilomètres la route stratégique qui va de Djidjelli à Milah en passant par le col de Fedj-el-Arbâ.

De retour à Oran, le colonel Vinoy fut nommé général de brigade. Cler lui succéda dans son grade et dans son emploi, par décret du 10 août. Ce fut avec un juste sentiment d'orgueil qu'il se vit placé par l'Empereur à la tête d'un régiment de près de 4,000 zouaves.

Six mois à peine étaient écoulés lorsque le colonel reçut l'ordre de rappeler ses compagnies dispersées entre Oran et Tlemcen pour les travaux de route, et d'organiser deux bataillons de guerre dans la prévision d'une expédition en Orient. Cette nouvelle excita parmi les zouaves un enthousiasme facile à concevoir. Ils allaient entreprendre une course lointaine comparable aux Croisades, fouler aux pieds cette terre d'Orient chantée par les poëtes, embellie par les rêves de jeunesse ; ils allaient enfin combattre *à l'européenne* contre des troupes régulières, affronter non plus les armes sans précision et les grossiers projectiles des indigènes africains, mais les engins perfectionnés d'une armée civilisée.

Cler, exploitant habilement au profit de la discipline l'ardeur belliqueuse de ses soldats, s'inspirant peut-être de l'exemple du duc de Richelieu au siége de Mahon, fit connaître par la voie du rapport journalier, *que tout homme qui commettrait une faute grave serait privé de l'honneur de faire la guerre.* Pendant les trois mois qui précédèrent l'entrée en campagne, il n'y eut pas une punition sérieuse au 2ᵉ zouaves.

Le 12 avril 1854, le régiment s'embarquait pour Alger, où il devait attendre l'arrivée des bâtiments à vapeur destinés à le transporter en Orient. Un tiers de l'effectif restait au dépôt du corps. Les adieux de cette portion à celle qui partait donnèrent lieu sur le quai du port de Mers-el-Kebir à des manifestations d'extrême joie chez les uns, d'extrême douleur chez les autres, sentiments de nature contraire en apparence, mais ayant ici une commune origine, l'amour de la gloire. A la faveur d'une confusion difficile à éviter dans les embarquements, plusieurs zouaves du dépôt, et avec eux une de leurs vivandières déguisée en soldat, se glissèrent furtivement dans les rangs des partants. Cette noble fraude ne fut reconnue qu'à Alger. Le colonel crut devoir, quoiqu'à regret, faire sentir son autorité. Renvoyant à Oran les coupables, il prit les mesures les plus sévères pour qu'un pareil acte de désobéissance, tout méritoire qu'il était, n'eût plus désormais occasion de se reproduire. Voilà bien le soldat français, non-seulement le volontaire, mais encore celui que le sort appelle sous les drapeaux! Tel pleurait en quittant son village, pour qui la recherche des émotions et du danger est aujourd'hui une véritable passion, qu'on ne saurait trop admirer et encourager à une époque où la satisfaction des intérêts matériels tend à devenir le mobile principal des actions humaines.

Cler s'embarqua le 1ᵉʳ mai dans le port d'Alger sur le
Montézuma avec l'état-major et un bataillon du 2ᵉ zouaves.
La frégate, ayant relâché un jour entier à Malte, doubla le
surlendemain le cap Matapan ; puis, voguant dans les eaux
de la Grèce, elle atteignit, à travers le dangereux labyrinthe
des îles de l'Archipel, l'entrée du canal des Dardanelles, où
elle s'engagea le 13 mai. Le 14 au matin, elle mouillait, par
une très-forte mer, dans la baie de Gallipoli. Durant cette
courte traversée, Cler, qui était doué d'une mémoire fidèle
et d'une exquise sensibilité, sut se ménager de délicates jouis-
sances intellectuelles. Assis chaque soir sur la dunette du
Montézuma, il se plaisait à contempler silencieusement à la
clarté de la lune, *per amica silentia lunæ*, les côtes grisâ-
tres du continent et des îles, et à reconstituer en imagination
les souvenirs classiques que cette vue éveillait en lui. Tout le
temps que dura la navigation dans la mer Égée, sa pensée
erra des ruines de Sparte à celles de Troie, du rocher d'Itha-
que aux tombeaux d'Achille et de Patrocle, évoquant tantôt
les ombres des demi-dieux, tantôt les mânes des grands
hommes ; rebâtissant les cités avec leurs citadelles, leurs palais et leurs temples ; faisant renaître de leurs cendres ces
vaisseaux dont les flancs furent un jour le dernier asile de la
liberté grecque, ces bois sacrés dont les mystères impénétra-
bles remplissaient l'âme d'une terreur sainte, ces jardins
publics où l'on venait écouter les leçons d'un sage en respi-
rant le parfum des fleurs. En un mot, il ressuscitait à sa fantaisie tout un vieux monde, qui s'est écroulé comme tant
d'autres suivant la commune loi, toute une société matériel-
lement morte, mais qui vit encore à l'heure présente par
l'influence fructifiante qu'elle a exercée sur la marche pro-
gressive de l'esprit humain, par l'immense part qu'elle a
prise à l'œuvre de la civilisation.

Le séjour du 2ᵉ zouaves en Turquie ne fut marqué par
aucune action de guerre. Placé dans la brigade de Monet de

la division Napoléon, on l'employa à la construction des retranchements de Boulaïr, destinés à fermer la presqu'île de Thrace, base naturelle de nos opérations sur le Danube. Comme la division du Prince devait former la réserve de l'armée française, elle partit pour Constantinople, où le Sultan Abdul-Medjid la passa en revue et d'où elle fut dirigée sur Varna, après une semaine de repos. Elle resta campée tant à Yéni-Keuï que devant Bazardjick pendant toute la durée de la pointe en Dobrutscha. Cette promenade militaire, commencée à Gallipoli, terminée à Varna, fut pour l'esprit curieux et observateur du colonel Cler une source féconde de remarques instructives et d'enseignements de tous genres. Les zouaves, pour la plupart enfants des villes à l'intelligence éveillée, ne passèrent pas avec indifférence devant les monuments et les paysages dignes d'attention. En apercevant au lever du soleil les flèches dorées et les dômes en étain de la capitale des Osmanlis, ils tombèrent dans la même extase que les croisés de Godefroy de Bouillon à l'aspect de la Ville Sainte et les soldats de la Grande Armée de 1812 découvrant dans la brume les clochers de Moscou. La vieille Stamboul fut acclamée avec enthousiasme par le 2e zouaves.

A peine le régiment fut-il installé à Daoud-Pacha que le colonel Cler, accompagné de tout son corps d'officiers à cheval, descendit visiter la capitale à laquelle les fêtes du Ramadan donnaient alors une physionomie très-animée, qui ne lui est pas habituelle. Après une journée remplie par les impressions les plus variées, depuis le ravissement jusqu'au dégoût, les officiers du 2e zouaves, le colonel en tête, cherchant à regagner leur campement sans guide, s'égarèrent dans le quartier de la Corne-d'Or. Il était neuf heures du soir ; le ciel brillait de tout l'éclat d'une belle nuit d'été. Ils errèrent longtemps à l'aventure à travers les rues étroites et les ruines de la vieille cité. Parvenus aux rives du Bosphore, ils furent transportés d'admiration par le tableau splendide

que la ville en amphithéâtre présentait à leurs regards à
l'heure solennelle de minuit. Chacun se rappela cette strophe
des *Orientales* :

> « Le dôme obscur des nuits, semé d'astres sans nombre,
> « Se mirait dans la mer resplendissante et sombre ;
> « La riante Stamboul, le front d'ombres voilé,
> « Semblait, couchée au bord du golfe qui l'inonde
> « Entre les feux du ciel et les reflets de l'onde,
>> « Dormir dans un globe étoilé. »

Victor Hugo, Orientale IIIe.

Le 2e zouaves fut peu éprouvé par le choléra de la Dobrutscha. S'il paya un faible tribut au fléau, c'est que le
moral des hommes ne cessa d'être excellent, grâce à la sollicitude éclairée des officiers et aux facilités que laissa le colonel pour organiser dans les camps des spectacles et des amu-
sements de toutes sortes. En Bulgarie, comme plus tard en
Crimée, à chaque station prolongée, le front de bandière
ressemblait bientôt à la grande rue d'un village de France
le jour d'une fête, douce image de la patrie absente. On
y trouvait des jeux de quilles, de bagues, de balles, de
lotos, des tirs à l'arbalète, des salles de concert en feuillage
illuminées avec des lanternes de papier peint, où les vir-
tuoses du régiment faisaient entendre tour à tour des chan-
sonnettes comiques et des chœurs de nos meilleurs opéras,
enfin des théâtres en plein vent où des zouaves, en costume
burlesque et grimés de leur mieux, jouaient des pièces de
leur composition, étant ainsi auteurs et acteurs à la fois,
comme Molière et Baron, mais n'ayant pas la moindre prétention de voir leurs œuvres passer à la postérité avec celles
de ces illustres comédiens. Cler, tant pour encourager la
troupe dramatique par sa présence que pour sa satisfaction
personnelle, manquait rarement à une représentation. Le
divertissement le plus suivi était le *théâtre Guignol*, dirigé
par un loustic d'une verve intarissable et d'une causti-

cité assez originale. Chaque soir, les zouaves et les soldats des corps voisins et bon nombre d'officiers de tous grades, même des généraux, se désopilaient la rate en écoutant les histoires excentriques et les réflexions bouffonnes du pasquin en *chechia*. C'est ainsi que Polichinelle, dissipant l'ennui, chassant la nostalgie, éloignait le mal moral et ajoutait le titre de grand médecin à celui de *premier philosophe des temps modernes* que Charles Nodier lui a donné dans ses écrits.

La savante stratégie d'Omer-Pacha, la brillante défense de Silistrie et l'entrée des Français dans la Dobrutscha, corroborées par les événements de la mer Baltique, déterminèrent les Russes à repasser le Pruth. Il fut alors décidé qu'on détruirait le formidable arsenal maritime de Sébastopol, symbole de l'ambition des Czars, menace permanente pour l'Empire turc. Il ne m'appartient pas de juger si en choisissant un autre point de débarquement qu'Old-Fort, celui de Kertsch, par exemple, on eût obtenu plus promptement le résultat cherché et versé moins de sang. Il est trop commode de dresser des plans de campagne après coup. Ceux qui les font oublient que les bases de leurs raisonnements, devenues des certitudes avec le temps, étaient tout au plus dans le principe de vagues hypothèses, parfaitement susceptibles d'échapper à l'intuition du général en chef. Marmont appelle ces militaires de plume « le fléau des militaires combattants, « gens traitant souvent de questions qu'ils ne comprennent « pas, qu'ils ne sont pas à la portée de juger, et dont ils « ignorent même presque toujours les circonstances, causes « des résolutions prises. » Ainsi, au début de la guerre de Crimée, il n'était guère possible que le général en chef appréciât à leur juste valeur, pour en tenir compte dans ses calculs, d'une part, le degré incroyable de désorganisation administrative existant dans l'armée anglaise, dont le peu de mobilité fut un obstacle à la marche rapide des premières

opérations ; d'autre part, la haute capacité d'un homme sus-
cité tout à coup par la Providence pour retarder l'exécution
de nos projets, je veux parler de l'ingénieur de Todleben,
qui dirigea si habilement la défense, que onze mois s'écou-
lèrent entre l'ouverture de la tranchée et la prise de la
ville.

Le colonel Cler s'embarqua pour la Crimée le 2 septembre
sur le vaisseau *le Bayard*, dans la rade de Baltchick. Une
partie du 19e bataillon de chasseurs à pied prit passage à
bord du même bâtiment et y apporta des germes de choléra.
La contagion gagnant l'équipage, Cler mit ses zouaves à la
disposition du commandant pour le service d'une ambulance
établie dans la première batterie. Les zouaves infirmiers soi-
gnèrent les malades avec l'abnégation et le dévouement de
sœurs de Charité. Voulant opposer à la mort l'épouvantail de
la folle gaieté, qui est pour elle ce que la lumière est pour
les oiseaux de nuit, Cler organisa des mascarades et des
danses, avec l'agrément du commandant du bord et le
concours de la fanfare du régiment. Chaque soir, après le
repas, matelots, mousses, chasseurs et zouaves prenaient
leurs ébats sur le pont du navire, au son d'une joyeuse mu-
sique, et cherchaient à oublier le funèbre spectacle offert
par la première batterie. Cette traversée de la mer Noire fit
naître entre l'équipage du *Bayard* et le 2e zouaves un tou-
chant échange de bons procédés, qui se continua par la suite.
C'est qu'il y a plus d'un trait de ressemblance entre le marin
habitué à se jouer des tempêtes et le zouave rompu aux misères et aux dangers de la vie guerrière.

Le matin de la bataille de l'Alma, le prince Napoléon dit au
colonel Cler : « Connaissant la bravoure de votre régiment,
« je le placerai au poste le plus périlleux, qui sera aussi
« celui où il y aura le plus de gloire à acquérir. » Cler ma-
niait la parole avec facilité ; il était même enclin à abuser de
ce don précieux. A l'imitation des généraux de l'antiquité,

mais contrairement à la maxime du maréchal de Saxe : « A
« gens de cœur courtes paroles ; qu'on se batte ! » il crut
devoir, avant qu'on pliât les tentes, réunir ses soldats autour
de lui et les haranguer en ces termes : « Vous serez placés,
« pendant la bataille, entre le 1ᵉʳ zouaves, votre digne émule
« de gloire, et les Anglais, les anciens ennemis de la France,
« aujourd'hui nos alliés. Chacun de vous doit tenir à hon-
« neur de ne point se laisser dépasser. Souvenez-vous tous,
« qu'enfants de cette race héroïque qui a illustré par ses
« conquêtes les premières années du siècle, vous êtes appe-
« lés, dans une guerre européenne, à illustrer le second
« Empire par de nouvelles victoires. » Puis, après avoir donné
ses instructions pour le combat : « Vous serez placés en pre-
« mière ligne, ajouta-t-il en montrant l'armée russe ; avant
« d'arriver à l'ennemi, vous aurez à franchir une rivière, des
« fourrés et des pentes rapides ; une fois la bataille engagée,
« elle doit être conduite *à l'africaine*. Après un premier
« succès, abordez les Russes avec la vigueur qui vous a si
« souvent réussi pour déloger les Kabyles de leurs formi-
« dables positions. » Les zouaves applaudirent ces mots prononcés avec l'accent franc-comtois que leur cher colonel
possédait au plus haut degré. Cet accent traînant et désa-
gréable, ridiculisé par les facéties de caserne, n'en est pas
moins très-propre à renforcer le poids et la clarté du discours ; car l'émission lente de la pensée en facilite l'intelligence aux imaginations paresseuses. Le bulletin de la victoire
de l'Alma a montré si les zouaves avaient compris toute la
portée de l'expression, *conduite à l'africaine*, accentuée à
la façon comtoise. Cler n'eut besoin que de contenir leur
ardeur. Mais, lorsqu'après avoir franchi la vallée de l'Alma
ils eurent enlevé à la baïonnette un mamelon détaché des
plateaux de la rive gauche, s'avançant en éperon sur la
rivière par une pente très-raide et défendue par trois bataillons, le maréchal de Saint-Arnaud, jugeant l'élan irrésistible,

dit au colonel : « Laissez-les faire ; c'est une bataille de sol-
« dats! » Cler devinant que la clef du champ de bataille était
la tour en construction, destinée à recevoir un télégraphe,
qu'on apercevait sur le point culminant de la position russe,
s'écria : « A moi, mes zouaves! A la tour! » Et il s'élança au
galop dans cette direction, entraînant derrière lui sa troupe
au pas de course. Le 1ᵉʳ régiment de zouaves, placé à la
droite du 2ᵉ, suivit le mouvement. Les tirailleurs russes
chargés de tenir le poste ne résistèrent pas longtemps. Cler,
arrivé le premier au pied de la tour, y planta l'aigle du 2ᵉ;
puis, lorsque le sergent-major Fleury du 1ᵉʳ eut atteint le
sommet de l'échafaudage, il lui passa le drapeau que l'héroïque sous-officier agita pendant quelques minutes au cri
de « Vive l'Empereur! » sous le feu des réserves du prince
Mentschikoff. Il paya de sa vie cet acte d'audace. Le drapeau du 1ᵉʳ zouaves ne tarda pas à être arboré à côté de
celui du 2ᵉ. Un peu plus tard, le lieutenant Poitevin reçut
un boulet en pleine poitrine, en plaçant sur la tour l'aigle
du 39ᵉ de ligne auprès des deux autres. Ce trophée de trois
drapeaux français rassemblés sur un même point de la position ennemie au prix d'un sang généreux, dont leurs plis
sont tachés, n'est-il pas l'emblème de cette noble émulation
qu'on rencontre à tous les échelons de la hiérarchie dans
notre belle armée, et qui n'altère en rien l'union et la fraternité de ses membres ?

Ces divers épisodes ont inspiré plusieurs bons tableaux
qui, admis aux salons des années dernières, ont fait les délices du public parisien, grand amateur de scènes militaires.
Un de nos meilleurs peintres d'histoire de la jeune école,
M. Yvon, a choisi pour représenter la bataille de l'Alma le
moment où le sergent-major Fleury tombe frappé à la tête
d'une balle de mitraille.

A partir de l'instant où les trois couleurs flottèrent sur la
tour du Télégraphe, la victoire des alliés put être considérée

comme certaine. Pendant que le 2ᵉ zouaves se reformait en bataille, il reçut les félicitations du prince Napoléon, qui dit au colonel en lui serrant les deux mains avec effusion et de manière à être vu de tous : « Comme vous devez être fier de « commander à de pareils soldats ! » Puis vint le maréchal qui, parcourant le front de la 3ᵉ division, s'arrêta en face de l'aigle du 2ᵉ. « Cette fois, Cler, c'est le nom de l'Alma qui « sera brodé sur votre drapeau ! » Telles furent les dernières paroles que les zouaves lui entendirent prononcer. Les mots, *cette fois*, étaient une allusion flatteuse aux exploits déjà bien nombreux d'un régiment dont la formation ne remontait pas à trois années. Cler remplaça les vacances de ses cadres séance tenante, et distribua des récompenses dans la limite de ses pouvoirs.

La division Napoléon commençait à peine à changer de front sur sa gauche, pour tomber ensuite sur le flanc de l'aile russe engagée avec les Anglais, lorsqu'on apprit le succès de ces derniers et la retraite de l'ennemi. Le Prince suspendit sa marche, et le 2ᵉ zouaves établit son bivouac près de la tour du Télégraphe. Le soir même le colonel visitait ses blessés à l'ambulance, consolant les uns, encourageant les autres, donnant à ceux-ci l'espérance d'une décoration ou d'un grade, à ceux-là quelque argent pour améliorer à l'occasion leur bien-être, à tous la conviction bien douce que le chef, qui veillait sur eux avant l'action, en vue de les y préparer et d'obtenir de chacun son maximum d'effet au moment décisif, ne les abandonnait pas, souffrants et malheureux, lorsqu'il ne pouvait plus compter sur leurs services.

Trois jours après la bataille de l'Alma, Cler, placé avec son régiment à l'extrême arrière-garde, couvrait le gué de la Katcha pendant le passage des armées alliées. Le maréchal de Saint-Arnaud, à cheval malgré les plus vives souffrances, dirigeait l'opération. Il ne se retira que lorsque toutes les troupes eurent franchi la rivière sous ses yeux. Le 2ᵉ zouaves traversa le dernier ; et, aussi longtemps que dura son défilé, les clairons sonnèrent la marche que le souvenir du maréchal Bugeaud a popularisée. Cet hommage d'une exquise délicatesse et d'une touchante simplicité rendu au chef aimé du soldat ne put faire renaître le spirituel et bienveillant sourire d'autrefois sur ce visage déjà envahi par la mort.

Cler, en maintes circonstances, avait reçu du maréchal de Saint-Arnaud les témoignages d'une véritable affection. Il le pleura sincèrement et regretta en lui, non-seulement l'aimable frère d'armes, le gai compagnon d'aventures, mais encore l'heureux capitaine, le cœur chevaleresque, l'esprit éminemment français, dont la patrie portait le deuil. La mutuelle sympathie de ces deux hommes n'eut pas d'autre origine que la similitude de leurs caractères.

Après une journée de bivouac dans la vallée de la Tchernaïa, le 2ᵉ zouaves s'installa sur le plateau de Chersonèse, où sa division fut placée dans le corps de siége sous les ordres du général Forey.

Dans la lutte qui eut pour résultat la destruction de Sébastopol, Cler prit part à un grand nombre d'actions de guerre qu'il serait trop long de raconter. Ses chefs, qui l'estimaient, lui confièrent plusieurs missions dont il s'acquitta avec son savoir-faire et son tact habituels. A diverses reprises il sollicita et obtint l'honneur d'occuper le poste le plus périlleux, donnant ainsi raison à ce mot du vainqueur d'Isly : « Ce sont toujours les mêmes hommes qui se font tuer. »

Les misères que l'armée endura pendant l'hiver du siége donnèrent au colonel Cler l'occasion de montrer quelle profonde connaissance il avait du cœur humain, qualité inappréciable par laquelle un seul homme exerce un ascendant irrésistible sur des milliers d'autres, et les conduit pour ainsi dire malgré eux à la plus complète abnégation, aux plus héroïques sacrifices. Maurice de Saxe la regardait comme le critérium du génie militaire. La vie guerrière a de rudes moments. Quand, par une nuit froide et sombre, le soldat étend son corps meurtri et couvert de haillons sur le sol détrempé par les pluies ou blanchi par la neige, quand l'ouragan déchaîné renverse avec rage le chétif rempart de toile qui l'abrite ; quand il cherche en vain à oublier dans un sommeil réparateur les fatigues de la journée ; quand une alimentation monotone et échauffante, souvent insuffisante, lui délabre l'estomac et le dispose à la mélancolie par suite de la mystérieuse relation qui lie cet organe au cerveau ; quand il reste pendant des mois entiers sans nouvelles de ceux qui lui sont chers ; quand enfin la maladie et le feu font le vide autour de lui, on ne doit point s'étonner que son âme, quoique vigoureusement trempée, faiblisse. C'est alors que l'influence d'un caractère supérieur est nécessaire pour dissiper ces tristesses mortelles et ramener la résignation dans les cœurs qu'elle est prête à abandonner. C'est alors qu'il faut de la part de celui qui commande, pour relever les courages de ceux qui obéissent, la prédication par l'exemple, la seule efficace en pareil cas, jointe aux actives et ingénieuses ressources d'une charité aussi intelligente que passionnée. Tel fut le rôle du colonel Cler pendant l'hiver de 1854 à 1855 ; et ce n'est pas le moindre de ses mérites.

A la bataille d'Inkermann, la brigade de Monet, accourue au bruit du canon, fut établie sur la crête du mont Sapoune, afin de surveiller les mouvements du prince Gortschakoff, chargé d'opérer sur notre extrême droite avec l'infanterie Liprandi et toute la cavalerie une puissante diversion par Tchorgoune, le versant des monts Fédioukhine et la vallée de la Tchernaïa. Cler avait environ 1,000 zouaves, qui formèrent avec quelques compagnies d'infanterie de marine l'échelon le plus avancé de la brigade. Il leur recommanda plaisamment d'*élargir leurs culottes afin de paraître nombreux*. La démonstration du corps russe devait se réduire à une insignifiante canonnade. Les généraux Canrobert et Bosquet, ayant promptement jugé que la véritable attaque était dirigée contre les Anglais, rapprochèrent la brigade de Monet du plateau où nos alliés, un instant ramenés par les masses supérieures du général Dannenberg et décimés par un feu écrasant, commençaient à reconquérir du terrain avec l'aide des brigades Bourbaki et d'Autemarre, lancées à la charge. Le général en chef dit au colonel Cler en lui montrant les gardes de la Reine : « Allez *doubler les bonnets à poil*; mais « comme vous formez, en ce moment, ma seule réserve, et « que je puis être attaqué sur ma droite, modérez l'ardeur « de vos zouaves, attendez mes ordres pour vous engager. » Cler et ses soldats, en dépit de leur belliqueuse impatience, assistèrent l'arme au bras au dernier acte de la bataille.

La brigade de Monet coucha sur le théâtre même de la lutte. La première expansion de la reconnaissance des Anglais fut pour elle. Le duc de Cambridge, après avoir adressé à la troupe de chaleureux remercîments, lui fit distribuer des barils de rhum. Lord Paulet, colonel des coldstream-guards, offrit l'hospitalité en ces termes au colonel du 2e zouaves : « Venez dans ma tente ; la nuit dernière, elle était encore « occupée par trois bons camarades, tombés aujourd'hui au « champ d'honneur. Je suis seul maintenant, acceptez dans « mon cœur la place qu'y tenaient mes amis. »

Le lendemain, Cler explora le champ de bataille. Jamais il n'avait vu pareil entassement de cadavres sur un espace aussi resserré. Les blessés gisaient pêle-mêle avec les morts, de sorte que quelques-uns d'entre eux échappèrent aux recherches des infirmiers. Cler constata, comme chaque visiteur a pu le faire, que les Russes tués à Inkermann portaient les marques de la pauvreté et de la souffrance, tandis que ceux qui périrent à l'Alma et dans les combats intermédiaires présentaient les signes de la santé et du bon entretien. C'était un indice que la condition matérielle des défenseurs de

Sébastopol ne s'était point améliorée. L'aspect d'un champ de bataille couvert de sanglants débris peut soulever des remords dans la conscience des conquérants qui cherchent par la guerre l'accomplissement de leurs rêves de domination, ou de ces souverains qui « font tuer des hommes dans le seul « but d'influencer l'opinion publique, et de soutenir, par « quelque expédient, un pouvoir toujours dans l'embarras.» *(Louis-Napoléon Bonaparte. — Progrès du Pas-de-Calais du 5 novembre 1844.)* Mais chez ceux qui ne sont que les instruments aveugles de la politique des rois, un pareil spectacle fait naître au contraire une sainte et pure émotion. La voix de leur cœur les fortifie dans cette consolante croyance que la profession des armes est un sacerdoce, que la foi guerrière a ses prêtres et ses martyrs. Cler rapporta de sa pieuse excursion une impression analogue à celle que la grâce produit sur l'âme du chrétien, lorsqu'elle l'embrase de ses divins rayons.

Dans le conseil de guerre qui suivit la bataille, il fut décidé que le 2ᵉ zouaves et le régiment d'infanterie de marine seraient placés ainsi qu'une batterie d'artillerie sous le commandement du colonel Cler et camperaient jusqu'à nouvel ordre au centre des lignes anglaises, près du moulin d'Inkermann. Cler reçut en conséquence des instructions particulières pour la conduite à tenir en cas d'attaque.

L'humeur britannique est tellement opposée à la nôtre, le nom anglais est si impopulaire en France, que les lauriers cueillis en commun tant sur les hauteurs de l'Alma que dans la plaine de Balaclava n'avaient pu créer aucun rapport d'intimité entre les officiers et les soldats des deux nations. On s'était borné de part et d'autre à l'estime réciproque et à la fraternité officielle. Après Inkermann, les Anglais nous regardèrent comme des libérateurs. L'installation d'une fraction de nos troupes au milieu de leur camp établit entre eux et nous un point de contact de tous les instants. Il en résulta un échange journalier de bons procédés. On partagea les vivres, les liquides, le tabac, les vêtements provenant des dons patriotiques. On s'associa pour opposer aux rigueurs de la saison des abris plus confortables que la tente et une alimentation plus substantielle que la ration de campagne. L'Anglais, mieux soldé, apportait ses capitaux et le zouave son industrie. Le contrat se signait à la cantine par de copieuses libations. La cordialité n'était ni moins franche ni moins vive entre officiers qu'entre soldats. Il y avait seulement dans les relations des chefs plus de courtoisie et de délicatesse. Lord Rokeby, commandant des gardes, poussa la gracieuseté jusqu'à offrir aux officiers du 2e zouaves une partie des effets envoyés à ceux de sa brigade par la Reine Victoria et travaillés par les mains des Princesses et de lady Rokeby. Les zouaves reçurent aussi des effets de laine par l'entremise du généreux lord. L'esprit cultivé et la distinction naturelle du colonel Cler le firent rechercher par les généraux anglais, qui lui prodiguèrent les témoignages de la plus bienveillante affection. Lord Raglan l'honora même d'une visite de premier de l'an. Si l'on réfléchit que les Anglais sont excellents juges en matière de bonne éducation, on ne doutera point que Cler n'ait été un homme du monde accompli, joignant la séduction des formes à la solidité du fond.

Jusqu'au mois de février 1855 l'attaque principale avait été dirigée contre le bastion du Mât. A cette époque, les ingénieurs reconnurent que la clef de la défense était la tour Malakoff, située en avant du faubourg de Karabelnaïa. L'enlèvement de cette position fut résolu en principe, et le général Bosquet dut conduire la nouvelle attaque, que les Anglais nous cédèrent à regret.

Pendant l'hiver, la brigade du camp du Moulin avait prêté son concours au perfectionnement des ouvrages de circonvallation de nos alliés. Le 2e zouaves n'avait donc point perdu l'habitude de la pelle, de la pioche et du pétard, lorsqu'il fallut les reprendre pour creuser une tranchée vis-à-vis de Malakoff et recommencer ce genre de guerre que le troupier dans son langage pittoresque a surnommé *la guerre des taupes.*

Dans la nuit du 21 au 22 février 1855, les Russes, sous l'énergique impulsion du général de Todleben, construisirent à 900 mètres environ de la parallèle française une gabionnade d'un vaste développement, qu'ils nommèrent *Redoute Sélinghinsk*, et qui devint plus tard les *Ouvrages blancs*. Après sérieux examen, le général Canrobert décida qu'on détruirait la nuit suivante cette ligne de contre-approche, trop éloignée de nos travaux pour être occupée d'une manière permanente. La direction de cet audacieux coup de main fut confiée au général Mayran, et l'exécution à 900 zouaves du 2e régiment et 450 soldats d'infanterie de marine, commandés par le général de Monet et le colonel Cler. « L'opé-
« ration était difficile, écrit le général en chef dans son rap-
« port ; car de nombreux défenseurs étaient abrités derrière
« le retranchement, et il était d'autant plus impossible de les
« surprendre, qu'ils avaient jeté à 700 mètres environ d'eux
« une véritable ceinture de petits postes fortifiés. En outre,
« les 800 ou 900 mètres que nos soldats avaient à parcourir
« avant d'aborder l'ennemi sont littéralement labourés par
« les projectiles de plus de 80 bouches à feu, tant des vais-
« seaux que des batteries de terre qui convergent sur ce
« lieu de tous les points d'une demi-circonférence. »

Cler, suivant sa coutume, rassembla ses zouaves et leur parla ainsi : « Observez le silence le plus absolu ; il faut déro-
« ber notre marche. On laissera les fourreaux de sabres et
« tout ce qui peut causer du bruit. Le cri de guerre des
« zouaves ne doit se faire entendre qu'une fois l'affaire enga-
« gée dans le retranchement même, ou bien si, la retraite
« sonnée, vous vous trouviez complétement égarés. Pas de

« coups de fusil ; la nuit, le tir est incertain, et les balles peuvent
« atteindre les vôtres aussi bien que l'ennemi ; la baïonnette,
« la crosse, voilà nos armes. — Des lettres de France an-
« noncent ma nomination au grade de général ; cette nomi-
« nation paraîtra avec le décret d'organisation d'une division
« nouvelle. Je vois dans ce retard une nouvelle preuve de
« mon bonheur et de ma bonne étoile. Vous y avez toujours
« eu confiance ; aujourd'hui encore la Providence me per-
« met de rester à votre tête et d'inscrire un combat glorieux
« de plus sur votre drapeau. »

Le 24 février, à une heure du matin, trois petits bataillons, déterminés à vaincre ou à mourir, s'élancent hors de
notre parallèle, qui n'est pas encore armée de canons, mais
dans laquelle se tient une réserve d'un millier d'hommes
des 6ᵉ et 10ᵉ de ligne. La majeure partie de l'infanterie de
marine, qui est troupe de soutien, s'égare dès le début. Mais
les zouaves marchant dans la plus profonde obscurité à travers
un terrain raviné, couvert de broussailles, de pierres et de
neige, dépassent les embuscades ennemies et arrivent sur le
parapet du retranchement, d'où ils délogent les Russes à la
baïonnette, sous une grêle de projectiles tirés au hasard.
L'ouvrage était défendu par les régiments de Sélinghinsk et de
Wolhynie et par les Cosaques démontés de la mer Noire, c'est-
à-dire par neuf bataillons. Ce premier succès n'est acheté qu'au
prix de pertes sensibles. Le général de Monet, trois fois
blessé, remet le commandement. Cler, dont l'uniforme est
percé de plusieurs trous, échappe à la mort par une chute
providentielle, tant est juste la maxime arabe : « Les balles
« ne tuent pas ; il n'y a que la destinée qui tue. » Malheureusement les Russes, éclairant les abords de leurs embuscades
au moyen de balles à feu et de flammes de Bengale, parviennent à régler leur tir et s'aperçoivent de la faiblesse numé-
rique de leurs adversaires. Bientôt les zouaves sont entourés,
et le cercle de fer et de feu qui les circonscrit menace de leur

couper la retraite. Je laisse parler ici le colonel Cler, qui a donné dans le livre cinquième de ses *Souvenirs* l'émouvant récit de cette affaire.

« L'aspect de cette lutte, éclairée par le feu de la place,
« est horrible, fantastique. En arrière du retranchement,
« Sébastopol et les rades, que les signaux, les coups de canon
« des vapeurs et de la place laissent distinguer à l'horizon ;
« dans l'ouvrage, une poignée de soldats, entourés et décidés
« à vendre chèrement leur vie plutôt que de se rendre ; en
« avant, un terrain couvert de neige, que sillonnent les
« ombres de quelques détachements cherchant à rallier les
« colonnes d'attaque ; le tocsin mêlant sa voix lugubre aux
« cris des blessés, au bruit de la fusillade ; enfin les longues
« capotes des fantassins russes mêlés avec les zouaves aux
« chechias rouges, et les cosaques volontaires, dont les bon-
« nets noirs et fourrés, à flamme couleur de feu, s'agitent
« aux abords du fossé, tout se réunit pour donner à cette
« scène terrible un aspect diabolique.

« Ce combat inégal dure depuis quelque temps, lorsqu'en-
« fin le clairon français sonne la retraite. A ce signal, les
« troupes qui sont engagées, et non encore cernées, se replient ;
« mais la petite colonne qui se trouve dans la redoute, au
« centre, ne peut se décider à abandonner la conquête éphé-
« mère qui vient de coûter l'élite du 2e de zouaves. Le colo-
« nel espère toujours qu'un retour offensif viendra lui donner
« la victoire. Cependant une seconde sonnerie se fait entendre
« dans les tranchées françaises ; il faut battre en retraite.
« Cler rallie les quelques hommes encore debout autour de
« lui, et d'une voix forte il leur crie : *Ne donnons pas à ces*
« *b.... là la satisfaction de promener dans la Russie un colo-*
« *nel de zouaves ; mieux vaut la mort !* Puis, prêchant
« d'exemple, il se jette avec cette poignée de braves, tête
« baissée, sur les masses russes. Alors s'engage à coups de
« crosse, de baïonnette, à coups de poing même, une lutte

« où de vaillants soldats vont succomber, en ouvrant un che-
« min sanglant à leurs frères d'armes.

. . . .

. . . .

« Enfin, cette poignée d'héroïques soldats parvient à faire
« une trouée dans la ligne ennemie, et regagne les tran-
« chées françaises en traversant un terrain couvert par la
« mitraille.

« Au moment où il atteint la parallèle, le colonel se heurte
« contre un groupe de zouaves qui court vers les Russes. Où
« allez-vous ? leur crie-t-il. N'avez-vous pas entendu sonner
« la retraite ? — Ah ! mon colonel, lui disent ces braves
« gens, c'est vous ! On nous avait assuré que vous étiez pris.
« Nous allions vous chercher, fût-ce au milieu de Sébas-
« topol !...

« Quel plus bel éloge à faire de ces admirables soldats, que
« de relater ces simples et nobles paroles, preuves d'un
« dévouement sans bornes ?... »

J'ajouterai qu'elles ne font pas moins d'honneur au chef
qui les a inspirées.

Ce combat meurtrier coûta au 2ᵉ zouaves, tant tués que
blessés, 18 officiers sur 25 présents et 200 sous-officiers et
zouaves. Un magnifique ordre du jour signala à toute l'armée
la belle conduite de ce régiment. Le surlendemain de l'affaire,
le général Osten-Saken, gouverneur de Sébastopol, écrivit
aux généraux en chef des armées alliées que les morts français, restés dans les retranchements, avaient été inhumés en
présence d'une partie de la garnison de Sébastopol *avec tous
les honneurs dus à leur intrépidité exemplaire.* Les Anglais
fêtèrent les zouaves avec enthousiasme à leur retour au camp
du Moulin. Lord Rokeby offrit au colonel Cler un superbe
revolver, en accompagnant son présent de ces flatteuses
paroles : « Prenez cette arme, gardez-la comme souvenir de
« notre amitié, et surtout n'oubliez pas de la porter sur vous

« quand vous serez appelé à de nouveaux combats. Un jour
« peut-être elle servira à défendre votre vie, qui nous est pré-
« cieuse, et à nous conserver un ami que nous aimons tous. »

Quelques jours après le colonel Cler disait adieu au 2ᵉ
zouaves. « Nommé général de brigade par décret impérial du
« 5 mars courant, j'éprouve une profonde émotion en voyant
« arriver le jour où je dois me séparer de mon bon régiment
« et des compagnons d'armes dont j'ai partagé, pendant trois
« ans, les travaux, les périls et la gloire.

« En vous quittant, officiers, sous-officiers et zouaves du
« 2ᵉ régiment, je vous remercie du concours que vous
« m'avez constamment donné, et je vous demande de me
« conserver un souvenir de bonne affection, le soir, dans vos
« causeries du bivouac, et, plus tard, à votre retour dans la
« patrie, dans les récits de guerre que vous ferez au foyer
« de la famille.

« Il ne m'est pas donné de pouvoir lire dans le livre du
« destin ; mais d'avance je prévois qu'il me sera difficile
« d'inscrire sur l'état de mes services des noms plus glorieux
« que ceux de Laghouat, des Babors, d'Alma, d'Inkermann,
« de l'attaque de la nuit du 23 au 24 février et de Sébas-
« topol, combats et opérations de guerre où j'ai été fier et
« bien heureux de marcher à votre tête.

« En terminant ces adieux par la voie de l'ordre, je ne vous
« encouragerai pas à continuer à être braves : depuis long-
« temps j'ai appris à connaître les zouaves ; je sais qu'ils mé-
« prisent la mort et qu'ils sont patients dans la souffrance.

« Je vous demanderai de conserver votre excellent esprit
« de corps et d'accorder votre confiance et votre dévouement
« au chef de bataillon Lacretelle (1), qui doit prendre le
« commandement du régiment à partir d'aujourd'hui, et

_____

(1) Actuellement général de brigade, commandant une brigade de l'armée
de Lyon.

« plus tard, au successeur qui me sera donné par l'Empe-
« reur. »

Par suite de la réorganisation de l'armée française entre
les mains du général Pélissier, Cler fut appelé au commandement d'une brigade de réserve, qu'il alla rejoindre à Constantinople et avec laquelle il revint en Crimée le 23 mai. Après
avoir travaillé jusqu'au 16 juin à la construction des lignes
de Kamiesch, la division Herbillon, dont la brigade Cler faisait partie, vint s'établir sur la Tchernaïa.

Le jour de la prise du Mamelon vert et des Ouvrages
blancs, de même que pendant l'attaque effectuée le 18 juin
sans résultat contre Malakoff, le Carénage et le grand Redan,
Cler n'avait occupé que des postes d'observation. La bataille
de Traktir lui permit de montrer aux Russes ses nouvelles
épaulettes. Le général Herbillon, qui commandait le corps
français de la Tchernaïa en sa qualité de plus ancien divi-
sionnaire, avait mis en réserve, en arrière des mamelons qui
composent le système des monts Fédioukhine, le général Cler
avec les 62e et 73e de ligne et les cinq batteries à cheval du
colonel Forgeot. Dès le début de la journée du 16 août, Cler
s'était porté au secours de la division Faucheux. Le général
Read, franchissant la rivière tant sur le pont de Traktir que
sur des passerelles improvisées, avait refoulé cette division
jusque sur les mamelons, dont les pentes se couvraient déjà
de soldats russes.

Profitant habilement des ondulations du sol, Cler tombe
sur eux à l'improviste avec trois bataillons déployés. Le
2e zouaves appartenait à la division Faucheux. Réduit à moins
de 700 hommes, ayant la plupart de ses officiers hors de
combat, et se trouvant sans un seul officier supérieur, ce régiment commence à plier, faute de direction. Cler le voit ; il
se porte au galop au-devant de ses vieux zouaves. « Où allez-
« vous ? leur crie-t-il, c'est en avant qu'il faut marcher ! » Et il
les ramène sur l'ennemi, baïonnette basse, au son du clairon,

électrisés par l'apparition inattendue de leur ancien colonel.
Les Russes sont roulés sur les pentes et jetés dans le canal.
Ils parviennent pourtant à se rallier et essaient encore une
fois de percer le centre de la ligne, en faisant irruption par le
pont de Traktir. Le 2ᵉ zouaves, appuyé par le général Cler,
les reçoit de manière à les dégoûter de toute autre tentative
sur ce point. Pendant ce temps les réserves du prince Gortschakoff sont descendues des hauteurs qui dominent la vallée
du Chouliou. Elles se dirigent sur la dépression de terrain
qui sépare la droite des Français de la gauche des Piémon-
tais, et en face de laquelle la rivière et le canal sont presque
partout guéables. Le général Faucheux, avec un bataillon de
la brigade Cler, quelques compagnies de chasseurs et trois
pièces, charge les Russes de front, pendant que la division
sarde du général Trotti les attaque de flanc. L'ennemi est
contraint de se retirer sous un feu des mieux nourris. Il tente
néanmoins un effort suprême et lance une forte colonne sur
une batterie française placée sur la crête du plus bas des
mamelons des monts Fédioukhine. Au lieu de répondre aux
boulets de l'artillerie russe, cette batterie, conformément
aux vrais principes de la tactique, tirait sur les masses déjà
confuses de l'infanterie, dont elle augmentait le désordre en
les couvrant de sa mitraille. Le général Cler déploie en avant
d'elle une faible compagnie du 2ᵉ zouaves en tirailleurs, avec
mission d'attirer les Russes jusqu'au sommet de la pente, en
rétrogradant lentement de façon à démasquer progressive-
ment les pièces. Il embusque deux bataillons des 62ᵉ et 73ᵉ
sur le revers du mamelon, en deçà de la batterie. Le piége
réussit. La tête de colonne, arrivée près de la crête, est
accueillie par une salve tirée presque à bout portant. Les
artilleurs reculent les pièces pour laisser le champ libre à
l'infanterie. Cler fait battre la charge. A ce signal, les fantassins cachés se lèvent et se précipitent avec un élan irrésistible sur les assaillants qui, surpris, enveloppés, hésitent, se

débandent et s'enfuient. Les zouaves et le bataillon du 73ᵉ les poursuivent, la baïonnette dans les reins, jusqu'au delà de la Tchernaïa. En ce moment la victoire était à nous sur toute la ligne, et Cler avait ajouté un nouveau fait d'armes à ses brillants et nombreux services.

Le 26 septembre il prenait le commandement de la 2ᵉ brigade de la Garde impériale, avec laquelle il rentrait en France au mois de décembre. La réorganisation de la Garde le mit à la tête de la 1ʳᵉ brigade de la 1ʳᵉ division, c'est-à-dire des gendarmes, des zouaves et du 1ᵉʳ grenadiers.

Les fêtes et les plaisirs de la capitale ne furent point pour le général Cler les *délices de Capoue*. Les trois années qu'il y passa dans les loisirs de la paix furent consacrées à l'étude et à la fréquentation d'une société d'élite. Il recherchа ces hautes et précieuses relations sans lesquelles il est difficile à un homme de s'élever au-dessus de ses semblables. Mais Cler joignait à une noble ambition la générosité du cœur. Jamais un compatriote, jamais un ami ne sollicita vainement sa protection. Sa bourse était ouverte aux malheureux. Il ne réservait pas pour lui seul l'influence que lui donnait son accès auprès des grands personnages de l'État. S'il est vrai, ainsi que l'enseigne une philosophie peu consolante, qu'il n'y ait aucune action humaine entièrement désintéressée, on peut dire que Cler travaillait à son propre bien en faisant celui des autres. Aussi, à Paris comme en Afrique et en Crimée, à la Garde de même que dans tous les corps où il servit, sut-il promptement conquérir l'estime et l'affection de ses chefs, de ses égaux et de ses inférieurs.

Cler accepta la présidence de l'*Association des anciens élèves de l'institution Barbet*, fondée dans un louable but d'assistance mutuelle. Il acquittait de cette manière sa dette de reconnaissance envers le respectable maître dont les paternels encouragements l'avaient soutenu dans l'épreuve des examens d'entrée à l'École militaire.

Il songeait, dit-on, à s'allier à une honorable famille de son pays, voulant ajouter à toutes les faveurs de la fortune celle de la félicité conjugale, lorsqu'éclata la guerre d'Italie.

L'infanterie de la Garde impériale fut d'abord concentrée à Gênes. Les zouaves et les grenadiers s'y trouvaient encore, lorsque l'Empereur débarqua dans ce port le 12 du mois de mai. De Gênes à Magenta, l'itinéraire de la brigade Cler par Novi, Alexandrie, Valenza, Occimiano, Casale, Trino, Vercelli, Novare et Trecate, ne fut qu'une longue marche triomphale. Partout nos soldats, salués par de frénétiques acclamations, défilaient sous une pluie de fleurs, gracieuse expression de l'enthousiasme patriotique des femmes. Sur la façade de chaque maison les couleurs de la France se mariaient à celles du Piémont. Dans les théâtres, des chœurs improvisés chantaient des hymnes en l'honneur des héros qui allaient verser leur sang pour l'indépendance italienne. Le soir, les promenades et les édifices étaient illuminés avec cet art dont le secret n'a pas encore franchi les Alpes.

Dans tous les lieux où le conduisirent les mouvements préliminaires de la campagne, Cler visita les objets les plus dignes de curiosité. Son attention se porta surtout sur ces palais où la magnificence du marbre s'allie à la richesse de l'ornementation. Il admira les salons décorés dans le style de la Renaissance, les galeries où sont entassés 'les chefs-d'œuvre de la sculpture et les tableaux des maîtres. Il se plut à errer dans ces jardins, tracés avec un goût exquis, où l'oranger et le citronnier embaument l'air. Campé pendant quelque temps autour d'Alexandrie, dans la plaine de Marengo, Cler se rendit compte, par l'examen attentif du terrain, des diverses péripéties de la bataille qui donna la paix à la République et l'empire au Premier Consul. Il fit un pèlerinage au tombeau du sage Desaix, qui forme la base d'un ossuaire gigantesque. Pensant avec raison que pour bien connaître un pays il faut en posséder la langue, il commença l'étude de la grammaire italienne. Il se mit aussi à observer les mœurs des habitants et à noter chaque jour ce qu'il avait appris.

L'histoire inscrira au nombre des belles conceptions stratégiques la pensée qu'eut l'Empereur Napoléon III de transporter subitement son armée de sa droite vers sa gauche, c'est-à-dire d'Alexandrie vers Novare, de dissimuler ce mouvement de flanc par une diversion de toute l'armée piémontaise sur le centre autrichien à Mortara, et de ne rien négliger pour confirmer le feld-zeugmeister comte Gyulai dans l'opinion que nous allions renouveler contre son extrême gauche la manœuvre de Bonaparte en 1796. « La guerre, a « dit Jomini, loin d'être une science exacte, est un drame « terrible et passionné, soumis, il est vrai, à trois ou quatre « principes généraux, mais dont le résultat est subordonné « à une foule de complications morales et physiques. » L'exécution tactique du plan de Sa Majesté fut troublée par des incidents de cette nature. Des retards difficiles à prévoir dans la marche des corps d'armée furent cause que, pendant quatre heures, les zouaves et les grenadiers de la Garde, après avoir franchi le Tessin, se trouvèrent seuls en de face 85,000 Autrichiens, et qu'il dépendit d'une poignée de braves de décider si la journée du 4 juin serait une défaite ou une victoire.

Cler succomba dans cette lutte disproportionnée. Vers deux heures de l'après-midi, le 3e grenadiers avait pris pied dans la redoute qui défendait le pont du chemin de fer sur le Naviglio-grande. Un bataillon de ce régiment, poursuivant l'ennemi jusqu'à Ponte-nuovo-di-Magenta, attaqua le groupe de maisons qui couvre sur les deux rives les approches du pont au moyen duquel la route traverse le canal. Le général Cler fut chargé d'appuyer cette petite troupe avec ses zouaves, soutenus eux-mêmes par le 1er grenadiers. Le poste

fut enlevé après un combat opiniâtre, et le passage du pont
fut libre. Il eût été prudent de se maintenir solidement sur
le Naviglio, dans une position défensive, jusqu'à l'arrivée des
renforts. Malheureusement, zouaves et grenadiers, emportés
par la fougue habituelle aux Français, et sans attendre l'ordre
des chefs, se précipitèrent dans la direction du bourg de Magenta, suivis de quelques chasseurs à cheval de la Garde et de
quatre pièces appartenant au régiment d'artillerie à cheval
de ce même corps. « Défiez-vous d'un trop grand élan ; c'est
« la seule chose que je redoute, » avait dit l'Empereur à ses
soldats dans la célèbre proclamation qui signala l'ouverture
de la campagne. Les généraux Mellinet et Cler furent arrê-
tés dans leur course téméraire par les brigades Lebzeltern et
Gablentz de la division Reischach, qui s'avançaient en échelons à droite et à gauche de la route, avec la division Lilia
en réserve. Une brillante charge des chasseurs et les prodiges
de valeur et d'adresse de nos artilleurs ne purent empêcher
un canon rayé, dont tous les servants furent tués sur place,
de tomber au pouvoir de l'ennemi, ni la troupe entière
d'être ramenée avec de nombreuses pertes sur Ponte-nuovo-
di-Magenta, où s'engagea une lutte désespérée. Pendant la
retraite le général Cler fut frappé d'une balle au front, au
moment où, s'étant mis à tête de quatre compagnies du
1er grenadiers, il s'élançait pour dégager les zouaves. Son
cheval l'emporta mourant au milieu des Autrichiens. On
retrouva le cadavre le soir de la bataille à gauche de la
route, à 500 mètres environ en avant du pont ; il était en
partie dépouillé.

Dans toute sa carrière, Cler ne reçut qu'une seule bles-
sure, celle qui le tua. Et pourtant il avait assisté à plus de
vingt combats, à deux siéges et à quatre batailles rangées.
Un poëte a dit : « Quand la perte d'un mortel est écrite dans
« le livre fatal de la destinée, quoi qu'il fasse, il n'échappera
« jamais à son funeste avenir ; la mort le poursuit partout ;

« elle le surprend même dans son lit, suce de ses lèvres
« avides son sang, et l'emporte sur ses épaules. »

Cler était commandeur du Medjidié du 10 mars 1855, chevalier compagnon du Bain du 26 avril 1856, commandeur
de l'ordre des Saints-Maurice-et-Lazare de Sardaigne du
13 août 1857, et commandeur de la Légion d'honneur du
18 octobre de la même année. En un mot, il était couvert de
ces distinctions que convoite si fort la vanité humaine. Général à 40 ans, il serait parvenu aux plus hautes dignités.
Peut-être la France a-t-elle perdu en lui un futur grand
capitaine. Il est vrai que, si l'on excepte la conduite de quelques opérations secondaires, Cler n'a jamais commandé en
chef. Or, tel qui brille dans les rangs peut n'avoir plus le
même éclat lorsque, livré à sa propre initiative, il se sent
chargé de la suprême direction d'une guerre et responsable
du sort de la patrie. On se souvient des paroles de Desaix au
jeune Marmont : « Le commandement d'une armée est ce
« qu'il y a de plus difficile sur la terre ; c'est la fonction qui
« exige le plus de capacité dans un temps donné. » Cependant on ne saurait nier que Cler n'eût été doué de la plupart
des qualités qui accompagnent ordinairement le génie militaire. Il possédait une instruction spéciale très-étendue, l'intuition topographique, la sûreté du coup d'œil, la faculté
d'organiser et le don de parler au soldat cette langue ima-
gée et étrange qui l'égaie et l'entraîne. « Il avait, comme
« le dit quelque part Paul de Molènes, ce doux et intrépide
« sourire qui est un des plus précieux présents que Dieu
« puisse faire à un homme de guerre. » A la noblesse du
visage, à la haute stature qui en impose, au tempérament
résistant qui s'endurcit en raison directe de l'intensité de la
misère, il joignait l'intrépidité hors ligne, la décision prompte,
l'imagination vive, la persévérance dans les vues, l'équilibre
si rare entre l'esprit et le caractère, la connaissance de
l'homme en général et celle des individus, enfin l'humeur

chevaleresque et toutes les généreuses aspirations d'une belle âme. N'est-ce point là la figure d'un de ces capitaines illustres, à l'épée desquels la Providence confie volontiers les destinées des nations ?...

Les restes du général Cler, ramenés d'Italie par son aide de camp, M. le capitaine d'état-major Caffarel (1), reposent à Salins. Une statue, œuvre remarquable d'un artiste franccomtois, M. Perrault, grand prix de Rome, lui a été élevée en 1865 par sa ville natale. L'inauguration a eu lieu le 27 août, sur la place Libératrice, avec la pompe usitée en pareille circonstance. Plusieurs discours ont été prononcés.

(1) Actuellement officier d'ordonnance de S. M. l'Empereur Napoléon III.

www.ingramcontent.com/pod-product-compliance
Lightning Source LLC
LaVergne TN
LVHW022036080426
835513LV00009B/1079